PROJET

DE

CONVENTION

AVEC LA SUISSE

———

PARIS

IMPRIMERIE BREVETÉE CHARLES BLOT

7 — RUE BLEUE — 7

PROJET

DE

CONVENTION AVEC LA SUISSE

ARTICLE 459bis

Broderies à la Main et à la Mécanique

La modification apportée par le projet de convention
à l'article 459 *bis* (Broderies à la main et à la mécanique) a produit une émotion profonde à Saint-Quentin
et dans la vaste région industrielle dont cette ville
forme le centre ; à Angers, les brodeurs ont suivi
l'exemple des ouvriers de Saint-Quentin et ont fait
des manifestations en faveur du maintien du droit des
broderies, droit proposé par le gouvernement et voté
à deux reprises par la Chambre des députés, puis
ratifié dans son intégralité par le Sénat.

Dans les Vosges, dans le Tarn, à Argenteuil, à
Cahors, où de nouveaux métiers se montent, cette
nouvelle a causé une véritable consternation.

Pour s'expliquer la situation actuelle de cette industrie, il faut se rendre compte qu'à la suite de faits
économiques d'une gravité tout exceptionnelle qui se
sont passés en Suisse et ont eu leur répercussion en

Allemagne, les droits qui semblaient suffisamment compensateurs, à l'époque encore très récente de l'élaboration des nouveaux tarifs de douane, sont aujourd'hui presque insuffisants.

Les fabricants allemands et suisses vendent leurs produits comme par le passé, et, si les droits étaient diminués, ce serait en France la liquidation de cette industrie.

En effet, le bill Mac-Kinley aux Etats-Unis, les crises politiques et financières dans l'Amérique du Sud, les évolutions de la mode, puis, dans une certaine limite, la nécessité de conserver le marché français, ont provoqué des dissidences dans l'*Union des Brodeurs* (Stickerei-Verband), vaste association qui représente 18.000 métiers en Suisse, dans le Vorarlberg autrichien et qui s'étend même en Allemagne, notamment en Saxe.

Il en est résulté un véritable effondrement dans les prix de façon.

On payait en Suisse en 1891 les salaires à 24 centimes le 0/0 de points, ils sont tombés à 18 centimes! Dans le Vorarlberg, ils sont descendus à 15 et même 14 centimes.

A Saint-Quentin, la moyenne s'est maintenue de 30 à 33 centimes, le minimum du prix dans les moments de mévente n'a jamais été au-dessous de 28.

Nous prenons pour base le métier 4/4.

A Angers, dans le Tarn, etc., on suit la même base de salaire qu'à Saint-Quentin. A Argenteuil, ils sont beaucoup plus élevés, ils atteignent 40 à 50 centimes le 0/0, mais c'est principalement pour le travail de la soie.

En résumé, à Saint-Quentin, à Angers et autres localités, le salaire moyen du brodeur équivaut à 4 fr. 50 ou 5 fr. par jour. Il paie à sa fileuse 1 fr. 50 : il lui reste donc de 3 à 3 fr. 50.

En Suisse, depuis la baisse inouïe des salaires survenue en janvier 1892, l'ouvrier gagne de 2 fr. à 2 fr. 60 par jour, il remet à sa fileuse de 50 à 75 centimes, ce sont par conséquent des salaires faméliques de 1 fr. 50 à 1 fr. 75 par jour.

On veut nous pousser dans cette voie philanthropique : eh bien ! non ! nous fermerons plutôt nos établissements, mais nous ne voulons pas les convertir en workhouses !

D'ailleurs, nos ouvriers, d'accord avec nous pour repousser toute diminution au droit des broderies, ne se soumettraient pas à un sort aussi misérable.

Etudions maintenant cette réduction qu'on vous propose.

Dès l'établissement du nouveau droit, un consortium de fabricants de Saint-Gall, d'accord avec les négociants importateurs, essayaient de convaincre l'Administration des Douanes d'interpréter l'article 459 *bis* de façon à payer à part le droit des tissus du droit de la broderie ; de cette façon, on serait arrivé à payer un droit inférieur à celui de 1882 (*).

(*) Depuis plusieurs années, à la Commission des valeurs de douane, on évalue les broderies à l'importation en France de 36 à 37 fr. le kilog., tandis que la fixation aurait dû être de 75 à 85 fr. le kilog., et les mouchoirs brodés à 14 fr. le kilog. (soit en-

Le même consortium, lors des négociations de la convention, s'est entendu avec M. Lardy et M. Cramer-Frey pour obtenir la rédaction suivante :

« Sur tissus de coton unis dans lesquels la partie
» de tissu ne portant aucune broderie représente au
» moins 50 0/0 de la surface totale. »

Ce texte, déjà difficile à interpréter pour les gens de la profession, sera d'une complication inouïe dans l'application ; et cependant le résultat sera toujours le même, car ce n'est qu'un simulacre de restriction pour l'importateur de broderies de coton.

En effet. dans le projet, la dérogation qu'on apporte détruit absolument l'effet du tarif.

Les broderies sur tissus de coton représentent l'article principal, l'article de fond ; si ce grand élément disparaît, c'en est fait de cette industrie.

Or, la proportion mathématique qu'on veut établir par les 50 0/0 au moins de tissu uni dans la surface totale comprendra *toute la broderie sur tissu de coton.*

Par exemple :

Pour une bande d'une hauteur totale de 5 centimètres, il faut 2 centimètres de broderie et 3 centimètres de tissu uni, c'est la proportion habituelle.

Il sera par conséquent très facile au fabricant allemand ou suisse de rester dans la proportion de plus de 50 0/0. Il donnera 1/2 ou 1 centimètre de plus de hauteur de tissu uni. Ceci représentera 1/4 ou 1/2 centime

---

viron 3 fr. 50 la douzaine), et cependant on importe surtout des quantités de riches mouchoirs brodés sur fil, au détriment de nos brodeuses des Vosges.

de plus au mètre de bande et l'on bénéficiera de la réduction considérable du droit de 800 à 450 les 100 kilos, et l'on n'aura plus que 60 0/0 du droit du tissu à ajouter au droit fixe de la broderie.

D'ailleurs, sans recourir à cette combinaison, sur 100 articles, il y en aura 99 qui dépasseront les 50 0/0 de tissus unis.

Les Suisses nous font revenir à peu près au tarif purement fiscal de 1882.

Quant aux broderies sur soie, avec l'abaissement qu'on prémédite sur les tissus de soie, c'est-à-dire la réduction (87 0/0) de 4 francs à 0 fr. 60 le kilog., en y ajoutant 4 fr. 50 au kilog., cela fera 5 fr. 10. Sans être de la profession, il est aisé de se rendre compte que la broderic décuplant souvent et même au delà la valeur du tissu, ce droit sera absolument négatif. Les beaux dessins conçus par nos artistes industriels de Paris seront plus que jamais exécutés en Allemagne et en Suisse.

Quelles seront les conséquences de cet abaissement de 44 0/0 sur le tarif des broderies de coton et de soie?

Nous avions, il y a un an, environ 2.500 métiers, actuellement nous en avons plus de 3.000. Nous comptions déjà plus de 10.000 ouvriers et ouvrières qui vivaient de la broderie mécanique ; à ce chiffre venaient s'ajouter 10.000 ouvrières dans les Vosges, dans la Meurthe, employées à la broderie à la main.

Ce chiffre de plus de 20.000 ouvriers ne représente pas tout.

La broderie est un organe indispensable de l'industrie textile. Le tissage, la filature, le retordage trouvent un élément d'affaires considérable dans cette industrie, qui alimente indirectement un grand nombre d'ouvriers.

Nous avons cru que le droit des broderies, droit que le gouvernement avait proposé lui-même et qui avait été voté deux fois par le Parlement, nous avons cru que ce droit était définitif. De là un élan irrésistible dans cette industrie.

Non seulement nos fabricants ont augmenté le nombre de leurs métiers, ont monté des métiers fil continu d'une production décuple, mais de nouvelles usines se sont fondées. Pour répondre aux besoins croissants des fabriques de broderies, des tissages et des retorderies de coton se sont installés.

Ce n'est pas tout.

D'anciens tisseurs à bras sans travail ont acheté un métier, des familles ont rassemblé leurs ressources pour faire cette acquisition.

Beaucoup de métiers ne sont pas encore payés. Et là il ne s'agit pas de cas isolés.

Dans les communes de Ponchaux, de Beaurevoir (dans l'Aisne), à Villers-Outréaux (dans le Nord), à Chamillé (dans Maine-et-Loire), à Cordes (Tarn), dans les environs de Cahors, etc., ce sont des centaines d'ouvriers brodeurs qui n'ont pas songé qu'un trait de plume pourrait causer leur ruine.

Peut-être ont-ils eu raison ; ils ont cru comme nous que les représentants du pays se refuseraient à provoquer les grèves et la ruine, le chômage et la misère.

Nous avons d'ailleurs la certitude qu'au dehors on ne renoncera pas facilement aux bénéfices de notre tarif minimum, tarif qui permet d'entrer les produits comme avant l'établissement des droits actuels, et qui n'est qu'une simple garantie contre l'avilissement des salaires et des prix.

En résumé, pour nous, patrons et ouvriers, il est impossible de ratifier cette modification désastreuse sur le droit des broderies, modification aussi favorable aux intérêts de l'étranger que funeste au travail national.

Le Président du Syndicat,

ALBERT TRÈVES,

12, rue des Jeûneurs.

Novembre 1892.

SYNDICAT DES FABRICANTS FRANÇAIS

DE

BRODERIES MÉCANIQUE

———

Comité directeur :

TRÈVES (A.), président.
BASQUIN (A. et H.).
DALTROFF (Julien).
HENRY (Narcisse).
TOULET.

BARBIER Fils (C.)	Paris.
BAS-BAS	Levergies.
BAZIN (N.) ET FRENZER (F.).	Angers.
BÉNICOURT (Joseph-Henry)	Beaurevoir.
BERGER-ROSEY	Saint-Quentin.
BOITELLE-FOURGAUT	Paris et Pontruel
BONASSIEUX-GUIDOT.	Tarare.
BOON (Adolphe).	Beaurevoir.
BOQUET-DELAVALLE.	Beaurevoir.
BOUCHY (Jules)	Estrées.
BOUCLY (Charles)	Beaurevoir.
BOUCLY-GUERMANN	Estrées.
BOUDERLIQUE (C.).	Gaudry.
BOUDERLIQUE (Alphonse)	Villers-Outréaux.
BOURE (Aimé)	Fresnoy-le-Grand.
BRANCOURT.	Saint-Quentin.
CAPART.	Saint-Quentin.
CARLIER (Clément)	Beaurevoir.
CARLIER (Jules).	Beaurevoir.
CARON	Lehaucourt.

CARON (Louis)	Sequehart.
CARPENTIER (Clément)	Beaurevoir.
CARPENTIER-DUBOIS	Beaurevoir.
CARPENTIER-HUEZ	Saint-Quentin.
CARPENTIER Père	Beaurevoir.
CARPENTIER-VENET	Beaurevoir.
CARRE-PINCHON	Montbrehain.
CAZIN (Mme)	Maille (P.-de-C.).
CHAMPAGNE (L.)	Villers-Outréaux.
CHANOINE (Henri)	Bertry.
CHARLET	Montbrehain.
COCART-DESTENQUE	Montbrehain.
COCLI-HACHEZ	Estrées.
COGNE	Saint-Quentin.
COLBRANT	Saint-Quentin.
DÉDYKÈRE-LEGRAND	Beaurevoir.
DELATTRE (D.)	Beaurevoir.
DELAUNAY-FOUCAUT	Angers.
DELVAL	Estrées.
DÉMARQUE (Théophile)	Montbrehai.
DESTENQUE-GUERY	Beaurevoir.
DESTENQUE-RICHET	Beaurevoir.
DODET ET Cie (V.)	Lyon.
DUBOIS (Clément)	Beaurevoir.
DUBOIS-LEGRAND	Beaurevoir.
DUBOIS-OVIDE	Estrées.
DUCHAUSSOY-LENGLET	Ponchaux.
DUFOUR	Homblières.
DUMONT LEGRAND	Beaurevoir.
ELOIRE-BOON	Beaurevoir
ELOIRE (Florentin)	Beaurevoir.
FLEURY-VATIN	Montbrehain.
GALLIÈGUE	Bohain.
GAVET-PINCHON	Montbrehain.
GÉRARD-ABDON	Ponchaux.
GERÉON-MOREAU	Lyon.
GONIN-LUTTA	Tarare.
GONTIER	Busigny.

GORSSE (A).	Cordes (Tarn).
GOUARD.	Busigny.
GRENIER-CLAMARON.	Lyon.
GRESSIER (E.).	Estrées.
GRUNCHION-BOURBON	Beaurevoir.
HACHEZ (Clovis).	Estrees.
HENNET	Essigny-le-Grand.
HERMAND-LEROUX.	Vendeuil.
HUBERT-DUFOUR	Estrées.
JOASSARD.	Homblières.
JOLY (Mme).	Maretz.
JUFFET-SAGNIMORTE	Lyon.
LAFOLIE (Eugene).	Beaurevoir.
LAMY (Charles)	Estrées.
LAMY-DEHENRY.	Estrées.
LANGLET (Florentin).	Beaurevoir.
LANGLET (J -B.).	Beaurevoir.
LANTIER	Quiévy (Nord).
LANTOINE (Henry).	Beaurevoir.
LEFEBVRE (Auguste)	Beaurevoir.
LEGRAND (Léon).	Beaurevoir.
LEGRAND-OVIDE.	Estrées.
LEMAIRE	Argenteuil.
LENGLET-CULPIN	Ramicourt.
LENGLET (V.).	Beaurevoir.
LENOIR (Henri)	Beaurevoir.
LEVEAUX COMPAGNO.	Beaurevoir.
LOBJOIT-BÉNICOURT.	Beaurevoir.
LOBJOIT (Charles).	Beaurevoir.
LONCLE.	Saint-Quentin.
MALÉZIEUX	Estrées.
MALÉZIEUX-DUFOUR.	Montbrehain.
MALÉZIEUX (E.)	Ribemont.
MARLIER-VINCENT	Ponchaux.
MARQUÈS-BALEMBOIS	Saint-Quentin.
MITELLE	Essigny-le-Grand.
MONTFOURNY	Saint-Quentin.
MORIAUX (Jean-Baptiste)	Bertry.

PETIT.	Saint-Quentin.
PETIT (E.).	Lucy.
PETIT (Léon)	Villers-Outréaux
PETRINY-MULOT.	Brancourt.
PIETTE.	Saint-Quentin.
PINCHON (Julien)	Estrées.
PIOT	Saint-Quentin.
PLATEAU-TELOTTE	Joncourt.
PLOYER.	Vendeuil.
PLUSQUIN-DOUEZ	Montbrehain.
POTELLI (A.)	Estrées.
QUEUIN	Saint-Quentin.
QUÉVREUX-ALLIOT	Gouy.
RUIS-THOR	Bois-Colomb.,Paris
SAUVET-DESTENQUE.	Montbrehain.
TARITOT	Paris.
TÉLOTTE	Sequehart.
TOBIE BACHY.	Vendeuil.
TOPIN (Charles).	Beaurevoir.
TOULET.	Saint-Quentin.
TRONCY (C.).	Lyon.
VALLET-HURIEZ	Villers-Outréaux.
WATIGNY.	Homblières.
WEIPPERT	Saint-Quentin.

92-897 PARIS — IMPRIMERIE CHARLES NOT, RUE BLEUE, 7